Mi gran libro del UNIVERSO

Soledad Gopar

Ilustraciones de

Elizabeth Mallet

el gato de hojalata

Dirección editorial:
María José Pingray

Textos:
Soledad Gopar

Edición:
Laura Occhiuzzi

Corrección:
Pamela Pulcinella

Diseño e ilustración:
Elizabeth Mallet

Producción industrial:
Aníbal Álvarez Etinger

Gopar, Soledad
Mi gran libro del universo / Soledad Gopar ; coordinación general de María José Pingray ; editado por Laura Occhiuzzi ; ilustrado por Elizabeth Mallet. - 1a ed. - Ciudad Autónoma de Buenos Aires : El Gato de Hojalata, 2023.
64 p. : il. ; 30 x 24 cm.
ISBN 978-987-820-558-8
1. Libro para Niños. I. Pingray, María José, coord. II. Occhiuzzi, Laura, ed. III. Mallet, Elizabeth, ilus. IV. Título.
CDD 808.899282

Primera edición publicada por Editorial Guadal S. A.,
Humboldt 1550 Of. 01, Ciudad Autónoma de Buenos Aires, Argentina.

Impreso en China, en septiembre de 2023.

EL UNIVERSO

Cuando oyes o lees la palabra *universo*... ¿sabes realmente qué significa? Piénsalo por un momento... ¿tienes una respuesta? ¡Claro que sí! Muy bien, los científicos definen el universo como un espacio abierto e inmenso que contiene todo lo que existe... desde las partículas más pequeñas hasta esos enormes conjuntos de estrellas, polvo interestelar, gases y partículas, que son las galaxias.

Se cree que nuestro universo se originó hace aproximadamente unos 13 800 millones de años. Y lo más sorprendente es que se extiende y se expande... ¡en todas direcciones! ¿Cuán grande es el universo? ¡Nadie lo sabe con certeza!

Los astrónomos y otros científicos tratan de medirlo, de descubrir cuál es la estrella más lejana, buscan conocer planetas distantes... y su sueño es poder explorar cada rincón. En este libro encontrarás mucha información interesante para aprender. ¿Te imaginas todo lo que queda por descubrir?

¡Comencemos este sorprendente viaje por el universo!

¿QUÉ ES EL UNIVERSO?

¡Comencemos nuestro increíble viaje por el universo! ¿Por dónde empezar? ¡Es infinito! Sin embargo, hay una forma muy simple de acercarnos a él y conocerlo. ¿Cómo es posible? ¡Sigue leyendo y lo averiguarás!

Empecemos por ubicarnos dentro de este inmenso espacio. Tú vives en la Tierra, uno de los planetas de nuestro sistema solar que, a su vez, es una pequeña parte de nuestra galaxia: la **Vía Láctea**.
Si miras el cielo de noche, podrás observar... la Luna, infinidad de estrellas y algunos destellos luminosos parecidos a las estrellas, que pueden ser planetas muy lejanos que llegamos a ver desde la Tierra, así, ¡a simple vista! Y si tienes suerte... es posible que encuentres también ¡una estrella fugaz cruzando el cielo!

¿Qué hay en el universo?

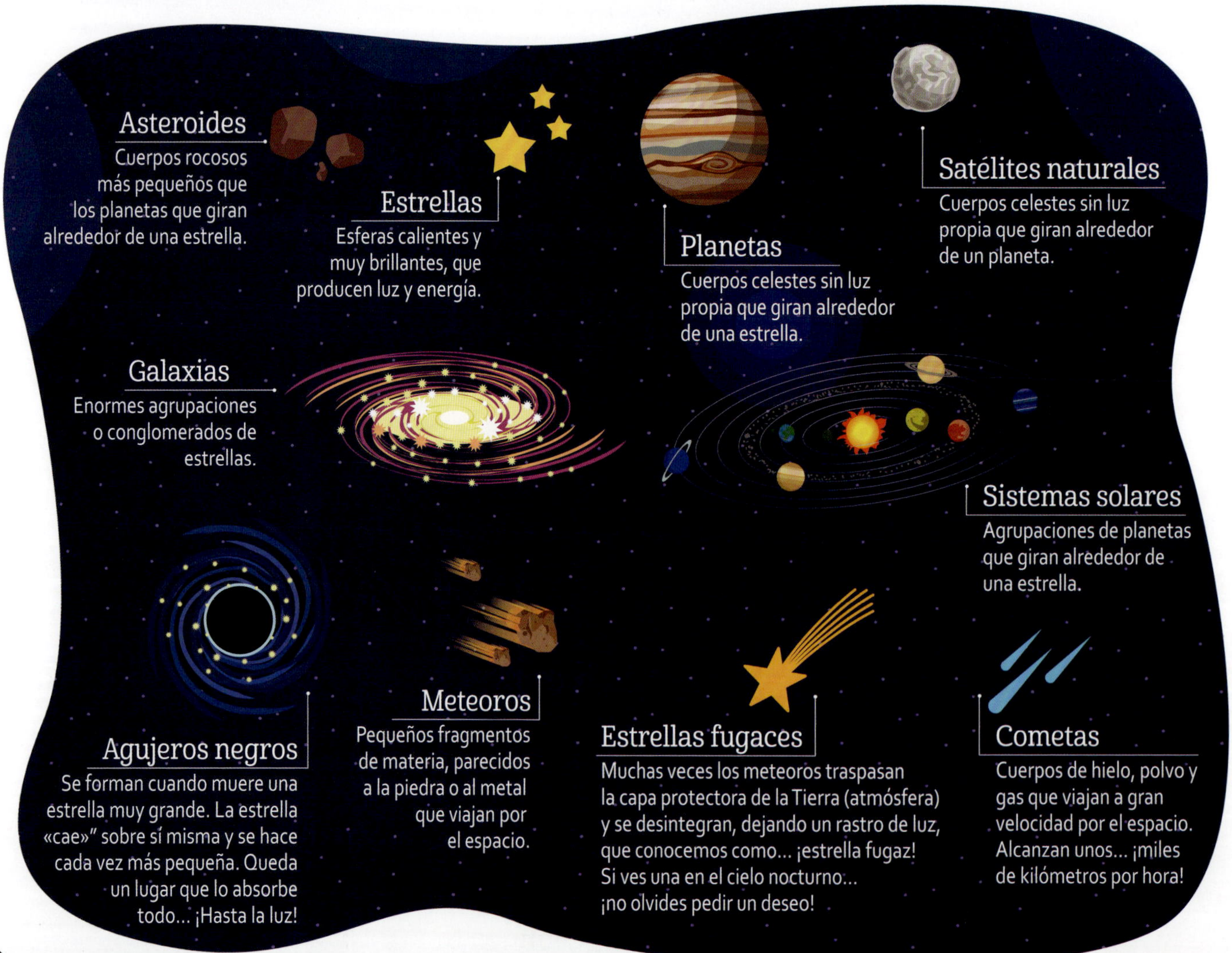

Una respuesta muy buena a la pregunta «¿Qué es el universo?» es la siguiente: es un espacio gigantesco donde se encuentran todos los **cuerpos celestes**; es decir, todos los elementos que están en el cielo (también se los conoce como **astros**). Ahora bien; si viajaras a la Luna en una nave espacial y observaras desde allí la Tierra, podrías notar que nuestro planeta es otro planeta más que «flota» en el espacio, ¡como el resto de los elementos del universo!

Datos asombrosos

Todo en el universo es sorprendente y maravilloso… ¡y recién comenzamos a acercarnos a él! Ya puedes darte una idea de lo enorme que es y de la diversidad de elementos que lo componen. Las siguientes cifras son realmente… ¡astronómicas!

✔ Edad del universo: 13 800 millones de años.

✔ Edad de nuestro sistema solar (el Sol y un grupo de ocho planetas, entre ellos, la Tierra): 4 600 millones de años.

✔ Vida en el planeta Tierra: 3 800 millones de años.

Esto quiere decir que el universo ha existido unas… ¡56 000 veces más que el ser humano!

SABÍAS QUE…

Desde la Tierra puedes ver a simple vista el Sol, la Luna y las estrellas. Pero, además, puedes observar cinco planetas, que verás como pequeñísimos puntos luminosos.
¿De qué planetas hablamos? ¡De Venus, Marte, Mercurio, Júpiter y Saturno! ¿Lo sabías?

✘ **Ya lograste ubicarte dentro del vasto espacio que es el universo. Continúa leyendo, ¡es cada vez más interesante!**

LA TEORÍA DEL *BIG BANG*

Hemos visto qué es el universo en las páginas anteriores. Ahora bien, ¿te has preguntado alguna vez cómo se formó el universo? ¡Es una pregunta que despierta la curiosidad de todo el mundo!

Los **astrónomos** (quienes se dedican a estudiar los astros) y otros científicos han propuesto distintas explicaciones para este enigma del origen y la formación del universo, pero la más aceptada hasta ahora es la conocida como la «Teoría del *Big Bang*». Podrías pensar que se trata de una gran explosión, ¡de un estallido! ¿No es cierto? ¡Veamos qué dice esta teoría!

Todo comenzó con un pequeño punto

Según la teoría del *Big Bang*, el universo comenzó como un solo punto en el espacio formado por diminutas **partículas** calientes mezcladas con luz y energía.
Este pequeño punto fue creciendo y expandiéndose. Así, fue ocupando más y más espacio. Entonces, ¡el universo comenzó a enfriarse! ¿Y qué sucedió después?
Las diminutas partículas calientes comenzaron a moverse en todas direcciones. Luego, estas movedizas partículas se agruparon y formaron otras pequeñas partículas llamadas **átomos**.

Esos átomos también se agruparon para formar las **estrellas** y las **galaxias** (enormes grupos de estrellas). ¡Todo esto duró muchísimo tiempo!
Y así... nacieron más estrellas nuevas, y las galaxias comenzaron a chocar (colisionar) entre sí, agrupándose o dando lugar a... ¡nuevas galaxias!

Ten en cuenta que, en realidad, esta es una historia... ¡sin final! ¿Y por qué decimos eso? ¡Porque nada de esto ha cambiado! El universo es puro movimiento y creación infinita. Su crecimiento... ¡nunca se detuvo!

Los científicos creen que, más que tratarse de una "gran explosión", el origen y la formación del universo tuvo que ver con una "gran expansión" o crecimiento.
Es un dato muy interesante ¡con el que puedes sorprender a amigos y familiares!

¿Y quién fue el autor de la teoría del *Big Bang*?

Su nombre es Georges Lemaître y era un científico nacido en Bélgica. En 1927, dio a conocer sus nuevas ideas: creía que el universo se expandía todo el tiempo y que era probable que todo haya comenzado con un pequeño punto.

Dos años más tarde, Edwin Hubble, un astrónomo estadounidense, descubrió que las galaxias se alejaban a grandes velocidades y que, entonces, el universo crecía y crecía; es decir, ¡estaba de acuerdo con Lemaître y sus ideas! Entonces... ¿quién fue el autor de la teoría del *Big Bang*? Como en la mayoría de los mejores descubrimientos, podemos decir que se trató de un trabajo... ¡en equipo!

SABÍAS QUE...

Para poder saber cuándo «nació» el universo (hace 13 800 millones de años), los científicos calcularon la edad de las estrellas y las galaxias más antiguas.

NUESTRO PLANETA TIERRA

¿QUÉ ES LA TIERRA?

Nuestro hogar en el universo

La Tierra, nuestro planeta natal, es un mundo muy diferente a los demás: ¡es el único planeta en el que se ha comprobado que hay vida! La Tierra es única también porque tiene agua líquida en su superficie (no se ha encontrado esto en ningún otro planeta). Ahora veamos otras características sorprendentes de la Tierra. ¡Sigue leyendo!

Un imán en el centro de la Tierra

¿Alguna vez te has preguntado por qué todo lo que hay en la Tierra, incluso tú mismo, se mantiene sobre el suelo; es decir, no "flota" por el aire? Esto sucede gracias a la **ley de gravedad**, una fuerza en el centro de la Tierra que actúa como un poderoso imán que atrae todo hacia su centro (y nos permite tener "los pies sobre la tierra"). Cuando lanzas un balón, puedes observar que no se mantiene en el aire, sino que cae al suelo. ¿A qué se debe? ¡A la gravedad! En nuestro planeta todo cae... ¡hacia abajo!

Los principales movimientos de la Tierra

La Tierra no es un planeta que esté quieto en su lugar y no se desplace por el espacio. ¡Al contrario! Debes saber que en todo momento... ¡nos movemos!

Rotación

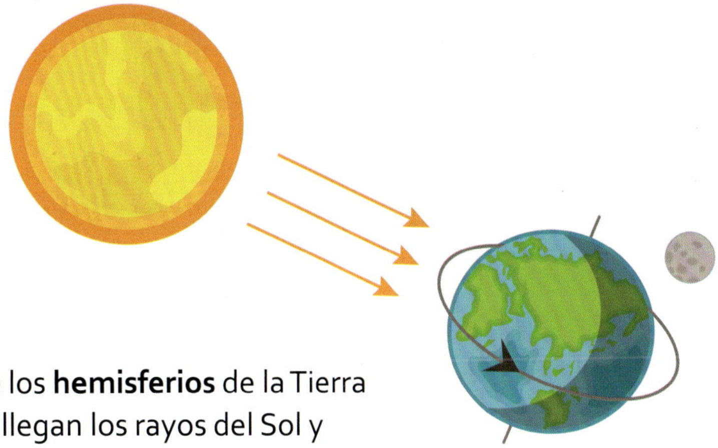

En primer lugar, podemos decir que la Tierra gira sobre su eje. A este movimiento de la Tierra se lo conoce como **rotación**.

El movimiento de rotación permite que uno de los **hemisferios** de la Tierra (una de sus mitades) esté iluminado cuando le llegan los rayos del Sol y el otro no; es decir, mientras que de un lado del planeta es de día porque recibe luz solar, del otro lado es de noche porque se encuentra a oscuras (en penumbras).

SABÍAS QUE... ¿?!

La rotación de la Tierra tiene efectos sorprendentes. Por ejemplo, cuando en Argentina son las 8 a. m. (mañana), en Japón son las 8 p. m. (noche). ¿Y en España? ¡Estarían almorzando! (1 p. m.). Si quieres seguir investigando, puedes buscar *online* una calculadora o conversor de horas mundiales. ¡Anímate a comparar los horarios de los diferentes países!

Traslación

Además de girar sobre sí misma, la Tierra gira alrededor de una estrella: ¡el Sol! A este movimiento de nuestro planeta por el espacio se lo conoce como **traslación**.

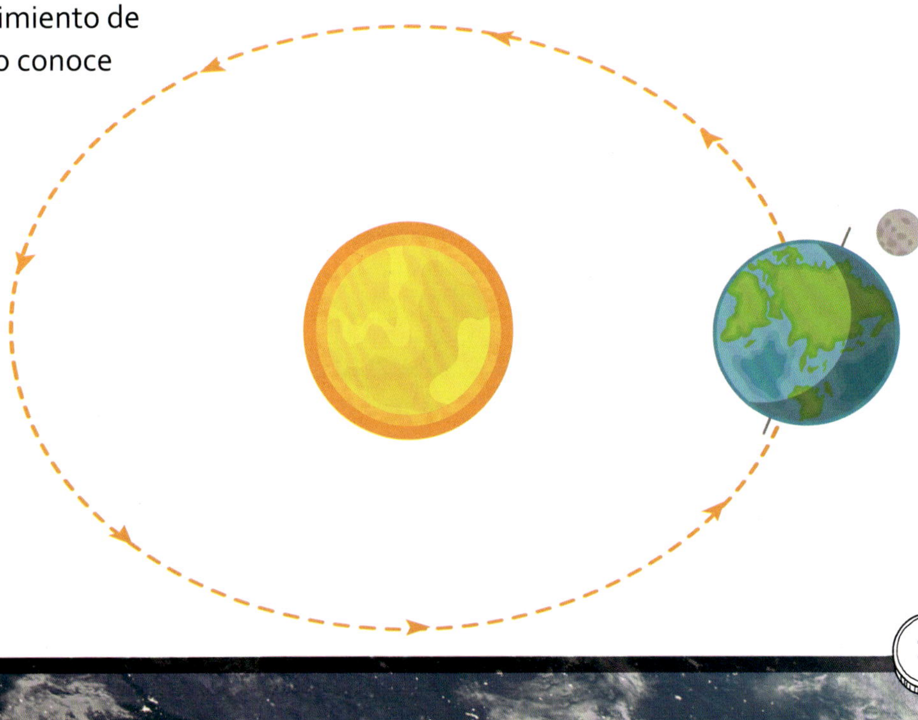

La Tierra tiene cuatro estaciones: primavera, verano, otoño e invierno, a diferencia de otros planetas donde no existen las estaciones... (¡qué aburrido!). ¿Y por qué tenemos estaciones en nuestro planeta? Esto se debe a las diferentes distancias que separan al Sol de la Tierra en su movimiento de traslación.

Las cuatro estaciones

A lo largo del año, en nuestro planeta, se suceden cuatro estaciones. En las dos primeras (primavera y verano) los días son más largos que las noches. Y en las otras dos estaciones (otoño e invierno) sucede lo contrario: las noches son más largas que los días. Como hemos visto, esto ocurre por los movimientos que hace la Tierra alrededor del Sol (traslación).

NUESTRO SATÉLITE NATURAL: LA LUNA

¿Cómo se formó?

Todo comenzó hace 4 500 millones de años... cuando un **cuerpo celeste** chocó (colisionó) con el primitivo planeta Tierra. Como consecuencia de este choque, se formó nuestro único satélite natural: la Luna. Un satélite natural es un cuerpo celeste opaco que gira alrededor de un planeta (la Luna gira alrededor de la Tierra). Esto quiere decir que, desde sus inicios, la Tierra y la Luna son... ¡inseparables!

¿Qué tamaño tiene?

Una de las características más llamativas de la Luna es su tamaño (¡es muy grande!). Es equivalente ¡a una cuarta parte de la Tierra! Imagina que si la Tierra fuera del tamaño de una pelota de baloncesto, la Luna tendría el tamaño de una pelota de tenis. ¿Y sabes algo curioso? Hay lunas en otros planetas, ¡pero son mucho más pequeñas!

¿Cerca o lejos?

¿Te has preguntado a qué distancia se encuentra la Luna de la Tierra? Cuando observas la Luna en el cielo, a simple vista, puede darte la impresión de que está muy cerca. Sin embargo, ¡están muy lejos una de otra! La Luna se encuentra a una distancia de 384 400 kilómetros. ¡Eso es como 30 Tierras de distancia!

¿Cómo es el paisaje lunar?

Si observas una imagen de la superficie de la Luna, verás que tiene muchos cráteres y nada de vegetación. ¡No se parece en nada a la Tierra! Se cree que la Luna tiene unos 1 600 cráteres que se formaron por el impacto de **meteoritos** sobre su superficie, dejando esas características marcas o huellas sobre su suelo. Como la Luna no tiene viento, ni clima y, seguramente, no tiene plantas, no hay nada que pueda modificar o borrar las marcas de su superficie.

¡En la Luna!

Las **Misiones Apolo** fueron parte de un programa espacial cuyo objetivo era que el ser humano llegara a la Luna. ¿Y sabes qué? ¡Lo logramos! ¿Cuándo? El 20 de julio de 1969, un día inolvidable para la humanidad. Por primera vez, ¡el ser humano pisaba la superficie de este satélite! A bordo de la nave Apolo 11, los astronautas Neil Armstrong y Buzz Aldrin aterrizaron en la Luna (alunizaron). ¡Este evento se transmitió por todo el mundo! Las antenas de radio de distintos observatorios espaciales se utilizaron para recibir imágenes de televisión en vivo del aterrizaje del Apolo 11 en la Luna.

SABÍAS QUE...

¿Las pisadas de los astronautas que una vez caminaron sobre la Luna siguen estando allí? Las huellas de las pisadas de los astronautas Neil Armstrong y Buzz Aldrin no irán a ningún lado (quedarán impresas sobre su superficie... ¡por mucho tiempo más!).

Curiosidades

¿De qué color es?

La Luna es marrón o gris (desde la Tierra puedes verla de color blanco, amarillo o rojizo).

¿Cómo es su composición?

Núcleo: hierro. Manto: rocas de hierro y magnesio.
Corteza: silicatos, óxidos de aluminio, óxido de calcio y de hierro.

¿Cuál es su diámetro?

Diámetro de la Luna: 3 476 kilómetros
(la distancia que hay entre Madrid (España) y Moscú (Rusia).

¿Qué temperaturas hay?

Temperatura máxima: 127 grados centígrados
(en el ecuador y cuando da el Sol).
Temperatura mínima: -173 grados centígrados
(dentro de los cráteres, en los polos).

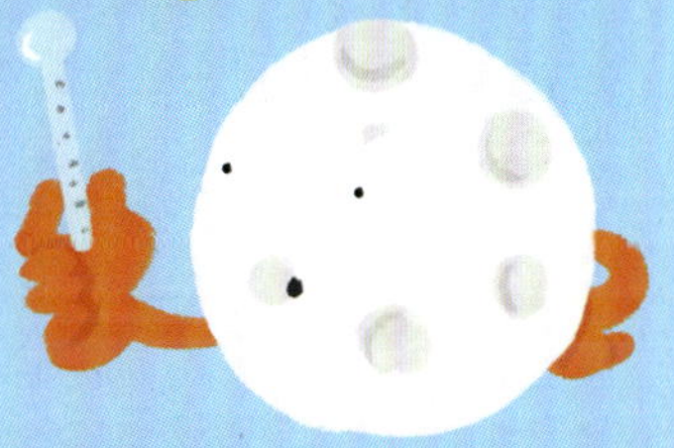

¿Cuántas caras tiene?

Solo puedes ver una cara de la Luna. La otra es la cara oculta.

¿Cuándo podemos verla?

Puedes ver la Luna... ¡de día! (a diferencia de otros cuerpos celestes, que solo puedes verlos en el cielo de noche).

¿Qué es un ciclo lunar?

Un ciclo lunar son las cuatro fases que podemos ver desde la Tierra:

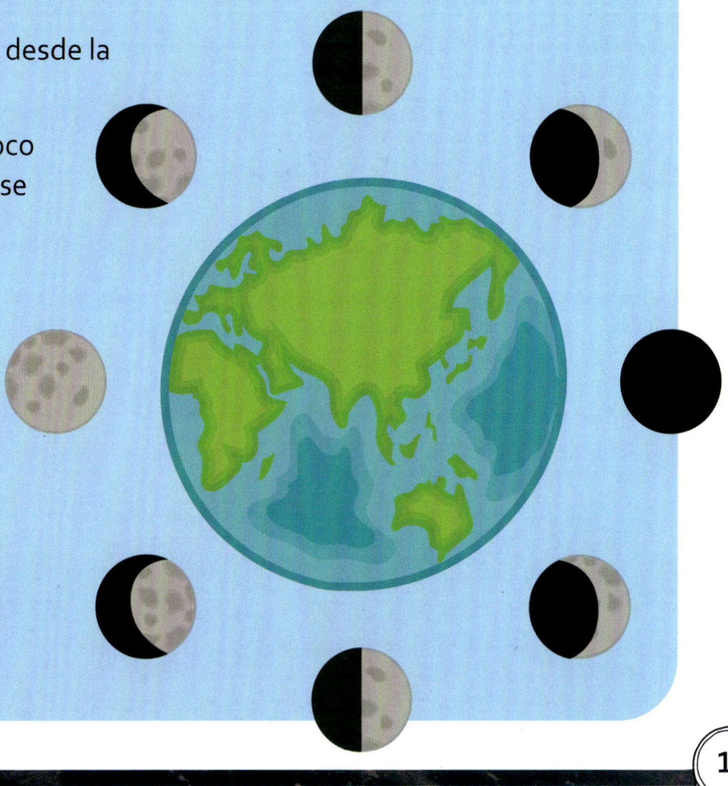

LUNA NUEVA: la Luna está muy oscura y es muy poco visible desde la Tierra porque toda la superficie que se ve desde nuestro planeta está a oscuras.

LUNA CRECIENTE: la Luna comienza a hacerse visible desde la Tierra 3 o 4 días después de la Luna Nueva.

LUNA LLENA: cuando la Tierra se encuentra entre el Sol y la Luna, la parte más cercana a la Tierra se ve iluminada.

LUNA MENGUANTE: es la fase opuesta a la creciente. Cuando finaliza esta última fase, se completa un ciclo lunar. ¡Que vuelve a empezar, con otra Luna Nueva!

EL SISTEMA SOLAR

EL SOL, NUESTRA ESTRELLA

Los antiguos griegos creían que el sol era un dios llamado Helios, que avanzaba por el cielo en un carruaje de fuego. Los egipcios llamaron Ra al dios del cielo, el Sol y principio de la vida. Los sumerios adoraban a Utu, el dios del Sol y de la Justicia. Para los incas, Inti, el dios Sol, era su deidad más importante. ¡Todas las culturas le han rendido homenaje al radiante Sol! Su nombre actual procede del término latino «solis».

¿El sol es una estrella?

¡Sí, así es! Según los científicos, el Sol es una estrella de tipo espectral G2 y luminosidad V; es decir, una estrella G2V. ¡Suena fabuloso! Pero... ¿qué significa en realidad? Que se trata de una de esas estrellas enanas amarillas que tienen entre 0,8 y 1,2 masas solares. La edad aproximada del Sol es de 4 500 millones de años y se encuentra a unos 150 millones de kilómetros de nuestro planeta.

Tan grande como... ¡109 planetas Tierra!

El Sol tiene un diámetro de aproximadamente 1,4 millones de kilómetros y es el objeto más grande de nuestro sistema solar. ¿Cuán grande es? Imagina 109 planetas Tierra en fila, uno al lado del otro... ¿puedes creerlo? ¡Así de ancho e inmenso es el Sol, el corazón del sistema solar y quien rige todo lo que sucede en él! Está ubicado en uno de los brazos espirales de la Vía Láctea, el **brazo de Sagitario,** en un espolón (un extremo o pseudobrazo) conocido como .

Temperaturas increíbles

Esta enorme y brillante esfera se compone principalmente de hidrógeno y helio. En su centro tiene una enorme bola de gas ardiendo, aún más caliente. La temperatura del Sol es de 5 500 grados en la superficie y de 15 millones de grados centígrados en su núcleo. ¡Impresionante!

Manchas solares

Si observas una imagen de la superficie del Sol, podrás observar algunas áreas más oscuras que el resto. Esas son las manchas solares y, aunque no parezca, son zonas de la superficie solar más frías que otras. Sin embargo, continúan teniendo temperaturas muy elevadas... ¡aproximadamente 4 000 grados centígrados!

Fulguraciones

¡Todo en el Sol es sorprendentemente brillante! Pero si hay algo que es un fenómeno atractivo y deslumbrante son, por cierto, las fulguraciones solares. Se trata de explosiones repentinas de energía, provocadas por las líneas torcidas de los campos magnéticos. A veces se ven como grandes destellos, lenguas de fuego o... ¡llamaradas!

SABÍAS QUE...

Cada 11 años, el Sol pasa por una fase conocida como Actividad Máxima Solar (forma parte del ciclo solar). En esta época es más probable que se produzcan tormentas o vientos solares. Estas tormentas están cargadas de electricidad y pueden causar luces en el cielo (llamadas auroras), pero también pueden dañar los satélites que usamos o afectar el funcionamiento de las redes eléctricas de nuestro planeta. Los científicos intentan pronosticar y anticiparse a este tipo de condiciones solares, conocidas como «clima espacial».

ALREDEDOR DEL SOL

Nuestro sistema solar se ubica dentro de la Vía Lactea, una galaxia en forma de espiral con dos brazos y un centro barrado. Más específicamente en uno de esos brazos espiralados, que ya hemos mencionado anteriormente: brazo de Orión.

El Sol y sus planetas (incluida la Tierra) se encuentran en esta tranquila parte de la galaxia, a medio camino de su centro. Observa la siguiente imagen: ¿dónde se encuentra el brazo de Orión? ¿Y nuestro Sol?

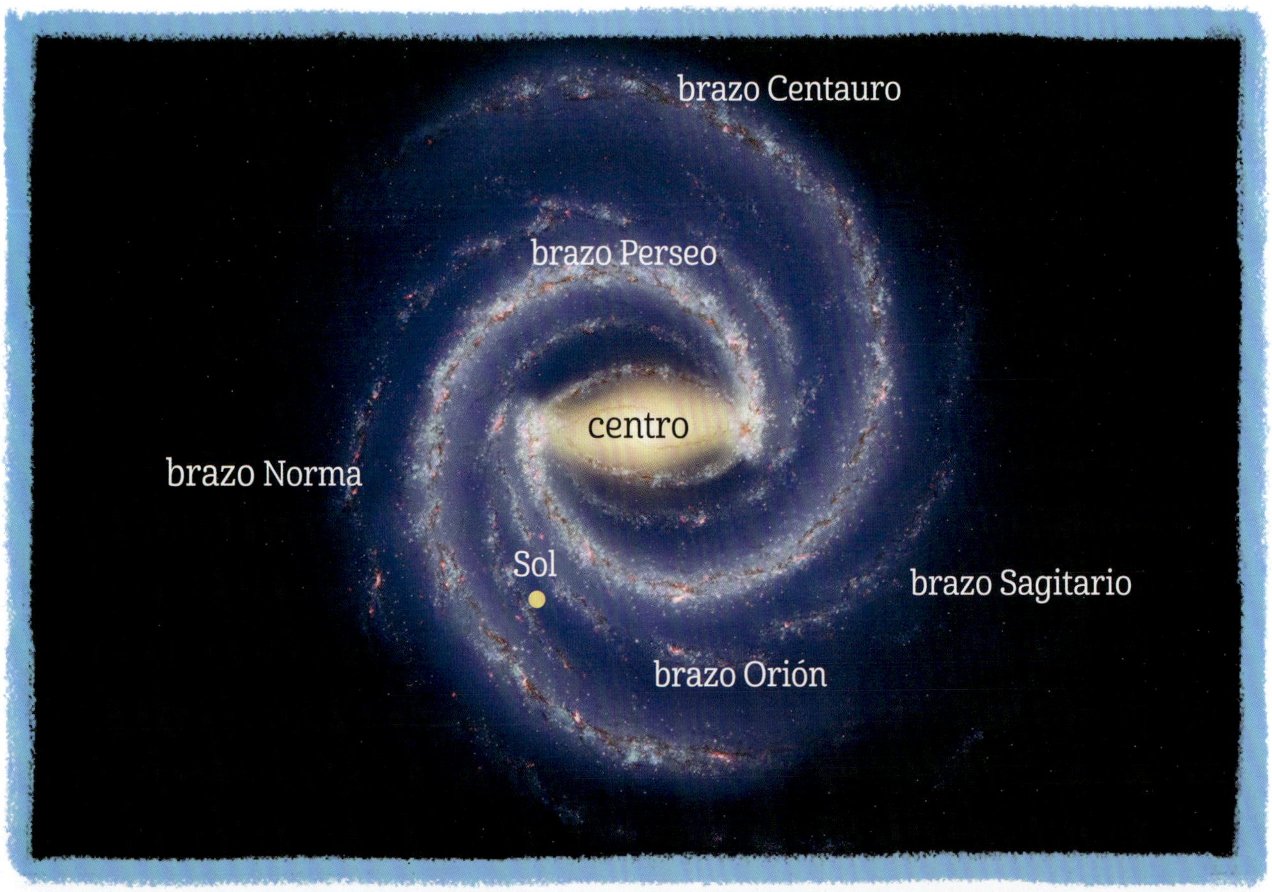

Imaginación en acción

Comencemos nuestro fantástico viaje por el sistema solar. Pero antes de continuar, reflexiona tan solo por un momento: ¿cómo comprender la estructura de nuestro sistema planetario, el famoso y archiconocido sistema solar? ¡Es muy sencillo! Imagina una ronda de planetas girando alrededor del Sol. Cada uno de los 8 planetas del sistema solar orbita (gira) en torno al Sol a una distancia diferente. Repasemos los nombres de los planetas (del más cercano al más lejano respecto del Sol):

¿Qué significa la palabra «orbitar»?

Muy bien, la **órbita** de un planeta es la trayectoria curva o el recorrido que hace este cuerpo celeste alrededor de un centro. Y en nuestro caso ese centro es el Sol, la estrella principal y el objeto espacial más grande del sistema solar en el que vives. Ten en cuenta que el Sol representa... ¡el 99% de la masa total! Ya ves, ¡su tamaño es gigantesco!

Y este dato es fundamental porque, al ser tan grande, el Sol genera una formidable atracción o **fuerza gravitacional** sobre los otros elementos del sistema, haciéndolos girar alrededor de él. Pero... a ver... ¿hay otros objetos en nuestro sistema solar, además de los 8 planetas? ¡Por supuesto! Veamos qué otros elementos existen y algunas de sus características principales. Da vuelta la página y podrás conocer estos maravillosos objetos espaciales.

UN MAPA ES LA MEJOR GUÍA

¡Espera, espera! Esto recién comienza. Adentrémonos ahora en el maravilloso mundo de los planetas. Aprende información novedosa, curiosidades y datos que podrás compartir con familiares y amigos. ¡Sigue leyendo!

Identikit del sistema solar

En la siguiente tabla encontrarás cifras increíbles que pueden darte una idea de lo enorme y antiguo que es nuestro sistema. ¡Podemos decir que eres casi un experto en el tema!

CARACTERÍSTICAS	VALOR
Número de planetas	8
Edad	4 570 millones de años
Estrella más cercana	Próxima Centauri
Tamaño	120 UA (Unidad astronómica)
Número de planetas enanos	5
Número de satélites naturales	400
Número de cometas	3 151
Distancia al centro de la galaxia	27 500 años luz

EL SISTEMA SOLAR

ESTÁ FORMADO POR

- Sol
- 8 planetas
  - INTERIORES - PEQUEÑOS - ROCOSOS
    - 1.º Mercurio
    - 2.º Venus
    - 3.º Tierra
    - 4.º Marte
  - EXTERIORES - GRANDES - GASEOSOS
    - 5.º Júpiter
    - 6.º Saturno
    - 7.º Urano
    - 8.º Neptuno
- planetas enanos
  - Plutón
- satélites
  - Luna (satélite de la Tierra)
- otros astros
  - cometa
  - asteroide
  - meteorito

MERCURIO

Aquí comienza nuestro itinerario por los ocho planetas del sistema solar. ¿Y quién es el primero que conocerás? ¿Cuál es el más cercano al Sol? ¡Se trata de Mercurio! Uno de los planetas **interiores** y **rocosos** de nuestro sistema solar.

Puedes pensar que por ser el planeta más cercano al Sol debería ser el más caliente. Tiene sentido, ¿no? Pues bien, en realidad es en Venus donde se registran las temperaturas más altas de todo el sistema solar debido a su densa atmósfera. Pero de Venus nos ocuparemos en las próximas páginas. ¡Regresemos a Mercurio!

Fue bautizado por los griegos como Hermes, el mensajero de los dioses del Olimpo. Más tarde fue conocido por los romanos como Mercurio.

El más pequeño y veloz

Quizás nunca lo has oído, pero el tamaño de Mercurio es apenas un poco mayor que el de nuestra Luna. Además, es el planeta que viaja más rápido a través del espacio en nuestro sistema solar. ¡Ningún planeta podría ganarle una carrera a este pequeño gran corredor! ¿Quién descubrió a Mercurio? En realidad, ¡es imposible saberlo! Se conoce a Mercurio desde la antigüedad, ya que es visible sin necesidad de usar telescopios avanzados. Su superficie es sólida y está cubierta de cráteres, que son esas cavidades o depresiones en el terreno que puedes observar a simple vista en cualquier imagen que haya registrado con nitidez su superficie. Los científicos creen que su núcleo ocupa gran parte del planeta (un 60%) y también estiman que este núcleo es rico en hierro. Por otra parte, la atmósfera de este planeta es delgada y no tiene ningún satélite natural; es decir, ¡no tiene ninguna luna!

Identikit de Mercurio

CARACTERÍSTICAS	
Diámetro	4 879 kilómetros
Composición	70% de elementos metálicos y 30% de silicatos
Superficie	Rica en azufre, magnesio y silicio, plagada de cráteres
Duración del día	59 días terrestres
Duración del año (dar la vuelta al Sol)	88 días terrestres
Lunas	No tiene

¿Se puede visitar Mercurio?

¡Poder llegar a este planeta no es nada fácil! Su cercanía al Sol hace imposible la llegada de naves espaciales con tripulación. Todo lo que se sabe o se conoce sobre Mercurio es el resultado de misiones realizadas con sondas o vehículos espaciales. Se lanza desde la Tierra un vehículo o satélite artificial que explora el planeta y envía imágenes e información. ¿Y sabes cuántos vehículos espaciales se han lanzado para explorar Mercurio hasta el momento? ¡Solo dos!

1. **Mariner 10:** este fue el primer vehículo espacial lanzado desde la Tierra con el objetivo de explorar Mercurio (esto sucedió en 1974, y para esa fecha ya se habían visitado tanto Marte y Venus como la Luna). ¡Pero volvamos a Mercurio! La sonda Mariner 10 visitó este planeta en tres oportunidades y gracias a su avanzada tecnología se pudo cartografiar entre el 40% y el 45% de su superficie. ¿Y qué significa «cartografiar»? Es el diseño de una carta geográfica de una superficie terrestre; es decir, es un mapa de su territorio y paisaje.

2. **Messenger:** este segundo vehículo espacial enviado a Mercurio fue el primero en la historia en ubicarse sobre la órbita del planeta. ¿En qué año llegó a Mercurio? Fue en 2008 y realizó tres sobrevuelos del planeta.

VENUS

Su nombre es un homenaje a Venus, la diosa de la belleza y del amor (la primavera y las flores). Así la llamaban los romanos, pero tiene una antecesora griega: Afrodita.

El planeta más cálido

Como hemos comentado antes, Venus es el planeta donde se registran las temperaturas más altas de todo el sistema solar. Esto sucede porque su atmósfera es espesa y tóxica, repleta de dióxido de carbono (CO_2). Además, siempre está cubierta por espesas nubes de color amarillento (ácido sulfúrico), que atrapan el calor y provocan un **efecto invernadero** extremo.

¿Cuál es su temperatura, entonces? Se cree que la superficie de Venus tiene unos 900 grados Fahrenheit (475 grados Celsius). Las sondas que han aterrizado en este planeta han sobrevivido… ¡apenas unas pocas horas! Fueron destruidas en tan poco tiempo por las altísimas temperaturas. ¡Y algo más! Algunos científicos creen que en su superficie hay más de mil volcanes o centros volcánicos de más de 20 kilómetros de diámetro (¡algunos estarían activos!).

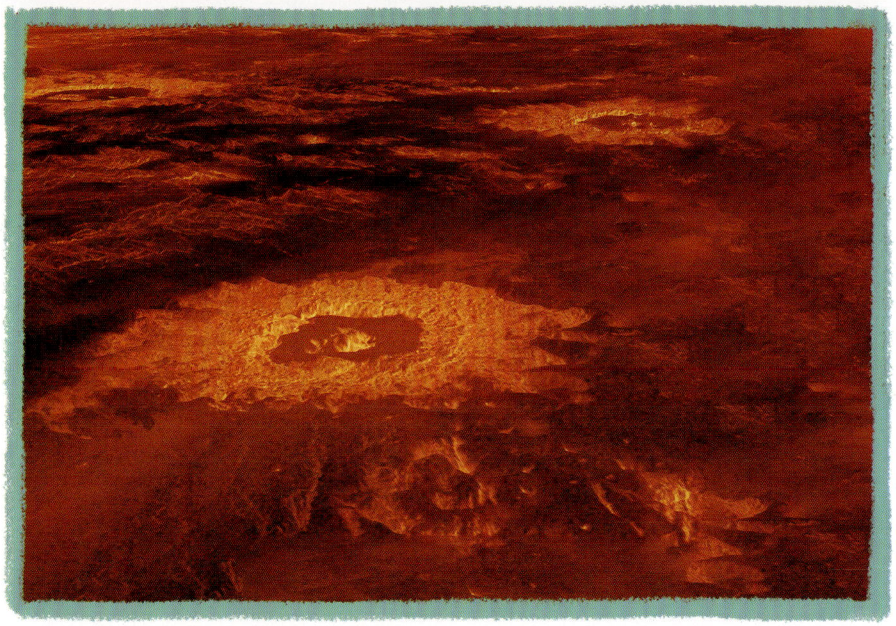

El lucero de la mañana

Debes saber que Venus es también el planeta ¡más brillante del cielo! Por su cercanía con la tierra suele ser el más resplandeciente de los planetas que podemos observar sin necesidad de telescopios de avanzada. Por eso ya era conocido por los astrónomos desde la antigüedad, al igual que Mercurio. Y comparte otra característica con su pequeño y veloz vecino: ¡tampoco tiene lunas!

Identikit de Venus

CARACTERÍSTICAS	
Diámetro	12 104 kilómetros
Composición	Aproximadamente un 90% de la superficie de Venus consiste en basalto (roca ígnea)
Superficie	Zonas de montañas (Ishtar Terra y Aphrodite Terra) y miles de volcanes. Maxwell Montes, la montaña más alta, es comparada con el Monte Everest de la Tierra
Duración del día	116 días y 18 horas terrestres
Duración del año (dar la vuelta al Sol)	225 días terrestres
Lunas	No tiene

¡El gemelo de la Tierra!

Si tienes en cuenta su tamaño, Venus es el planeta más parecido a la Tierra. Similar a lo que sucede en nuestro planeta, Venus tiene un núcleo de hierro que está cubierto por un manto de roca caliente y una **corteza rocosa**. Algunos científicos creen que en un pasado muy pero muy lejano Venus podría haber sido... ¡un mundo océanico habitable como la Tierra!

¿Hemos podido explorar Venus?

Sí, Venus fue el primer cuerpo celeste (después de la Luna) en ser explorado. Fue visitado por un vehículo o sonda espacial llamado Venera I. Sin embargo, hubo que esperar hasta 1962, año en que la sonda Mariner 2 transmitió los primeros datos desde Venus. El resto de la década de 1960 y parte de la de 1970 fue la «época de oro» de la exploración de Venus. Durante esos años varias sondas soviéticas y estadounidenses alcanzaron Venus. ¡Y hubo muchas más después! Como en otros planetas, la búsqueda de información y la idea de enviar nuevas misiones nunca acaba. ¡Siempre hay un nuevo proyecto o misión en curso!

Sonda espacial Venera I.

SABÍAS QUE...

Venus gira al contrario que el resto de los planetas; es decir, en el sentido de las agujas del reloj, por lo que a diferencia de lo que observamos en nuestro planeta, ¡el Sol sale por el oeste y se pone por el este!

TIERRA

La historia del nombre de nuestro planeta se remonta a la antigua Grecia. Gea era el nombre de una de las diosas más importantes de su mitología (los romanos la llamaron Terra).

Un planeta océano

La Tierra es uno de los cuatro planetas rocosos de nuestro sistema solar y, como mencionamos anteriormente, es el único que presenta agua en estado líquido sobre su superficie. Se lo llama **planeta océano** porque el agua cubre... ¡el 70% de su superficie!

¿Y su parte sólida? Tiene cadenas montañosas, cañones, valles, llanuras y todo lo que conoces porque aquí es donde vives. ¡Y eso es una ventaja! Pero... ¡tampoco sabemos todo sobre nuestro hogar! Los científicos continúan investigando y explorando regiones a las que es muy difícil acceder, como las profundidades oceánicas... ¡que son un misterio! Y hay muchos satélites orbitando alrededor de la Tierra tomando fotografías y realizando mediciones. ¡Queda mucho por descubrir!

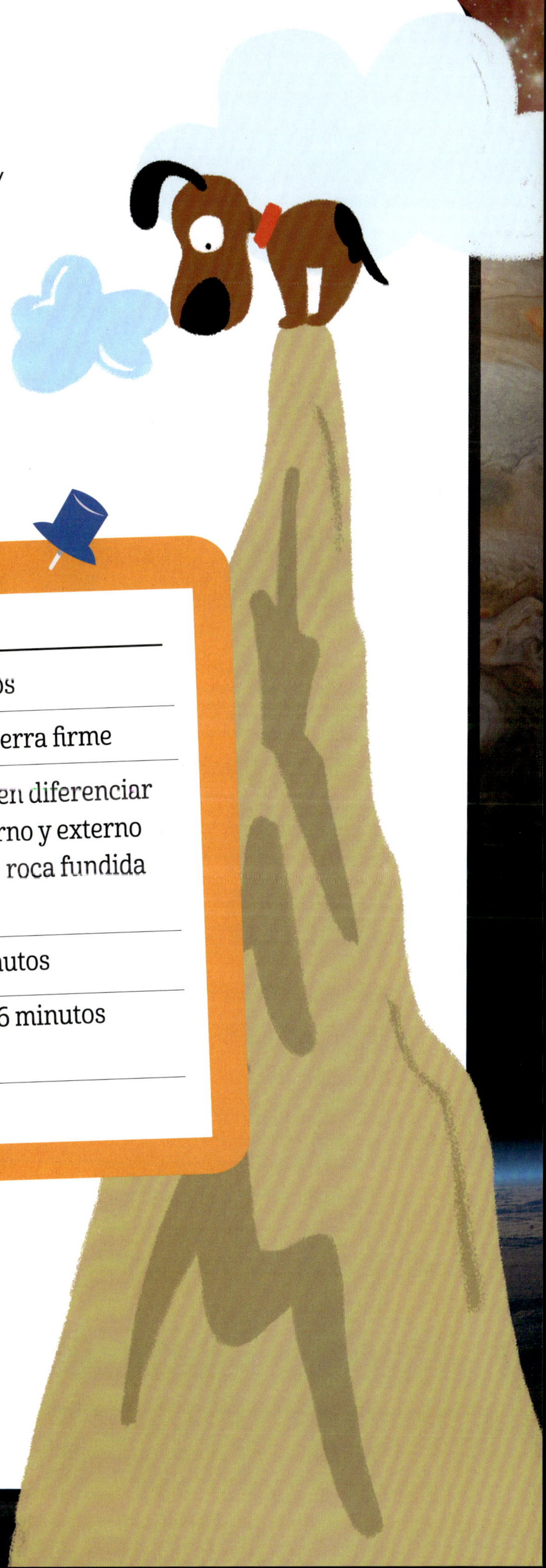

Identikit de la Tierra

CARACTERÍSTICAS	
Diámetro	12 742 kilómetros
Composición	70% de agua y 30% de tierra firme
Superficie	En su parte rocosa, se pueden diferenciar cuatro capas: núcleos interno y externo (hierro y níquel), manto de roca fundida y corteza
Duración del día	23 horas y 56 minutos
Duración del año (dar la vuelta al Sol)	365 días, 6 horas y 9,76 minutos
Lunas	1

¿Conoces las capas de la Tierra?

Nuestro planeta está formado por cuatro capas. Véamos cuáles son y sus características:

CORTEZA: es la capa... ¡por donde caminas! Tiene una profundad promedio de unos 30 kilómetros.

MANTO: es la capa más gruesa de todas, de rocas tan calientes que algunas se han derretido. Tiene un ancho de unos 2 900 kilómetros.

NÚCLEO EXTERNO: una capa de hierro y níquel semifundido que puede llegar a tener un espesor de 2 300 kilómetros.

NÚCLEO INTERNO: ¡Cerca del centro de la Tierra! Esta es una capa sólida de hierro y níquel de aproximadamente 1 200 kilómetros de radio.

¡Un amigable escudo protector!

Otro elemento que hace que la vida en la Tierra sea posible es su maravillosa atmósfera. Está compuesta por un 78% de nitrógeno, un 21% de oxígeno y un 1% de otros elementos. ¿Por qué es tan importante para nosotros? ¡Seguro sabes alguna de las siguientes respuestas!

- ✔ Nos brinda el oxígeno que necesitamos para respirar.
- ✔ Mantiene la temperatura templada del planeta.
- ✔ Nos protege de la radiación procedente del Sol y del espacio (por ejemplo, las explosiones provocadas por el viento solar).
- ✔ Evita el impacto de meteoroides (la mayoría se desintegran antes de llegar a nuestra superficie en forma de meteoritos).

MARTE

Marte (o el planeta rojo) recibe su nombre de Ares, el dios de la guerra en la mitología griega, quien más tarde fue bautizado por los romanos como Marte.

¿Por qué Marte es rojo?

Una de las principales características de este planeta es su atractivo color rojizo. ¿Sabes a qué se debe? ¡Es probable que lo hayas oído alguna vez! La superficie de Marte es roja debido a la presencia de **óxido de hierro** (o hierro oxidado) en su suelo, que tiñe su superficie.

Ahora bien; si pudieras observar la superficie de Marte bien de cerca, podrías notar que en realidad este planeta tiene una gama de colores más amplia. Hay tonos dorados o beige, o incluso un marrón tostado. Pero su atmósfera está cubierta de partículas de polvo rojo que se elevan, y este es el motivo por el cual lo vemos en su característica y famosa tonalidad.

Marte es otro planeta que puedes observar en el cielo nocturno sin necesidad de un telescopio de avanzada. Puedes identificarlo fácilmente gracias a su brillo rojizo. Es también un planeta rocoso (como Mercurio, Venus y la Tierra), pero tiene aproximadamente la mitad del tamaño de nuestro planeta.

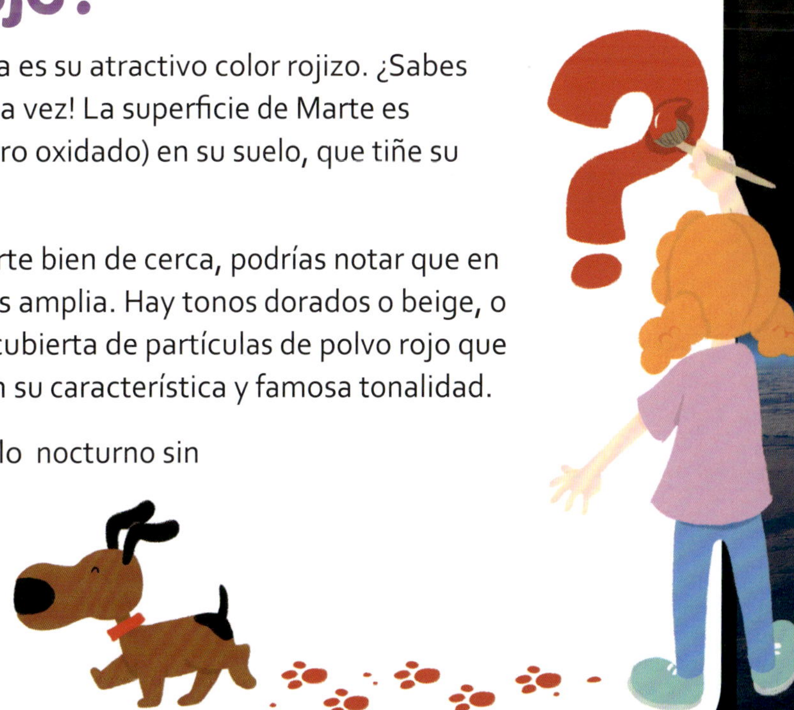

Identikit de Marte

CARACTERÍSTICAS	
Diámetro	6 779 kilómetros
Composición	Un núcleo metálico (hierro, níquel y azufre) rodeado por un manto rocoso. También tiene una corteza exterior (hierro, magnesio, aluminio, calcio y potasio)
Superficie	Cráteres y un enorme sistema de cañones (Valles Marineris o el Monte Olimpo, que con 22,5 kilómetros de altura es la montaña y el volcán más grande de todo el sistema solar). En las regiones polares, Marte tiene agua, pero se encuentra en forma de hielo debajo de su superficie
Duración del día	24 horas, 37 minutos terrestres
Duración del año (dar la vuelta al Sol)	687 días terrestres
Lunas	2 (Fobos y Deimos)

¡Las apariencias engañan!

Es muy común imaginar que, por su apariencia, Marte sea un planeta cálido o ardiente como el fuego. Sin embargo, ¡es todo lo opuesto! A pesar de su tinte rojizo, se trata de un planeta seco, inhóspito (poco acogedor) y... ¡frío! No obstante, las temperaturas extremadamente frías de Marte son muy cambiantes. Pueden ir desde los 20 grados centígrados (en la cara soleada del planeta) a los -153 grados centígrados en la cara umbría (donde da poco el sol).

Diablos de polvo

En Marte se producen unos **tornados** en miniatura llamados "diablos" de polvo. Este fenómeno meteorológico sucede debido a la gran diferencia de temperatura entre la superficie y el aire más frío de las capas superiores.

Los científicos estudian este tipo de fenómenos para comprender cómo es el clima en Marte y evaluar si es posible la vida humana en este planeta. Después de haber visitado la Luna (y comprobado que Venus tiene características poco amigables para el ser humano), Marte se convierte en el próximo gran objetivo de la exploración espacial.

¿Sabes la historia de la exploración de este planeta? En 1964 se lanzó la sonda Mariner 4 de la NASA, la primera en registrar con éxito imágenes de este planeta, y así durante años se enviaron nuevas misiones (algunas exitosas y otras fallidas). Hasta que en 1997 se lanzó la sonda Mars Global Surveyor (que entró en órbita), y ese mismo año la sonda Mars Pathfinder logró alcanzar la superficie del planeta rojo. Desde el 2000 son varias las misiones exitosas que lograron orbitar o explorar Marte.

SABÍAS QUE...

Spirit y Opportunity son los nombres de los primeros vehículos todoterreno que han recorrido la superficie de Marte (sin tripulación... ¿por ahora?). En 2011 el Rover Curiosity, otro vehículo todoterreno, comenzó a recorrer Marte con el objetivo de buscar vida microbiana. Y en 2021 se lanzó otro vehículo todoterreno que logró un gran avance y un fantástico descubrimiento: el Rover Perseverance de la NASA registró (mediante un micrófono)... ¡el sonido ambiente de Marte por primera vez en la historia de la exploración espacial! ¡Asombroso! Puedes hacer una búsqueda *online* y oír los sonidos de Marte... ¡no te pierdas esa experiencia!

JÚPITER

Júpiter es el nombre que los romanos le dieron a Zeus, el máximo dios entre los dioses griegos.

Un gigante gaseoso

Lo primero que debes saber de Júpiter es que es el planeta más grande del sistema solar y que tiene... ¡79 lunas! Se trata de un planeta gaseoso; es decir, no tiene superficie sólida, pero se cree que su centro podría ser compacto y del tamaño... del planeta Tierra. ¡Imagina sus dimensiones, es colosal! También tiene anillos (no solo Saturno los tiene, si bien son los más conocidos), pero son tenues y poco visibles.

En la imagen de este gigantesco planeta puedes observar que está cubierto de rayas de nubes arremolinadas. Y una gran mancha, llamada **Gran Mancha Roja**, que es una tormenta que está activa desde hace más de 300 años (¿sabías que esta famosa mancha tiene el tamaño de dos veces el planeta Tierra?). ¡Todo en Júpiter es grandioso y excesivo! Sus vientos, por ejemplo, alcanzan los 540 kilómetros por hora y el planeta mismo gira ¡a gran velocidad!

Un dato muy curioso es que está compuesto por elementos ligeros o livianos, principalmente helio e hidrógeno (similar al Sol). Sin embargo, los científicos dudan de que sea un planeta completamente gaseoso y continúan investigando.

Un océano de hidrógeno

¿Es posible? Sí, Júpiter posee, como era de esperarse debido a sus dimensiones, el océano más grande del sistema solar. Pero este océano no es de agua, sino de hidrógeno. Y este líquido se comporta como un metal, que conduce electricidad, lo que hace que su campo magnético sea diez veces más poderoso que el de la Tierra. ¡Todo aquí es exagerado!

Identikit de Júpiter

CARACTERÍSTICAS	
Diámetro	139 820 kilómetros
Composición	Helio e hidrógeno
Superficie	Cinturones que son bandas de nubes blancas y rojizas que envuelven el planeta (azufre y fósforo)
Duración del día	9 horas, 56 minutos terrestres
Duración del año (dar la vuelta al Sol)	12 años terrestres
Lunas	79 (Europa, Ganímedes, Ío y Calisto son las más importantes)

¿Qué son los satélites galileanos?

Son las cuatro lunas más importantes de Júpiter: Europa, Ganímedes, Ío y Calisto. Todas ellas fueron descubiertas por **Galileo Galilei** (1564-1642), uno de los astrónomos más reconocidos de la historia de la humanidad por su interés en la ciencia y en las artes, ¡y por sus descubrimientos! En 1609, construyó un artefacto parecido a un catalejo con aumentos (anteojo portátil y extensible que es... ¡pariente del telescopio!) para demostrar la importancia de este instrumento en el estudio del universo.

Veamos ahora las características de las cuatro lunas o satélites galileanos. ¡Recuerda que Júpiter tiene 79 en total!

Europa

Se cree que debajo de su superficie helada (donde se observan todas estas líneas o fisuras) se encontraría un océano profundo.

Ganímedes

¡La luna más grande del sistema solar!

Ío, conocida también como la «luna de pizza»

Está llena de agujeros y tiene la mayor actividad volcánica de todos los satélites del sistema solar.

Calisto

Tiene la superficie más antigua y con mayor cantidad de cráteres de todos los cuerpos celestes del sistema solar descubiertos hasta hoy.

En la siguiente imagen puedes observar las proporciones de las cuatro lunas más importantes de Júpiter en comparación con el tamaño de la Tierra y de nuestra Luna.

SATURNO

Los griegos y los romanos llamaron Cronos y Saturno, respectivamente, al dios del tiempo y la agricultura. Saturno era, además, ¡el padre de Júpiter!

Los anillos más famosos del sistema solar

¿Quién no conoce los brillantes anillos de Saturno? ¡Seguro tú también los has visto alguna vez! Es que son imponentes y hermosos, y hacen que este planeta luzca más "galáctico" que el resto. ¿Y cuántos son? Saturno tiene 7 impresionantes anillos que orbitan alrededor del planeta. A diferencia de los anillos de Júpiter (que son de gas y polvo), los anillos de Saturno están conformados por millones de pedazos de hielo y roca. Se cree que son restos de **cometas** y **asteroides** (o quizás de algunas lunas), que la poderosa gravedad de Saturno desintegró.

¿Y cómo se llaman estos famosos anillos? ¿Quieres saberlo? Bueno, esta vez los nombres no son tan misteriosos o interesantes como los de otros objetos del espacio. Se los ha nombrado alfabéticamente: A, B, C, D, E, F y G (en el orden en el que fueron descubiertos). ¡Más sencillo, imposible!

En la siguiente imagen puedes observar los anillos de Saturno. A, B, C son los más importantes y fáciles de visualizar. El resto son anillos más débiles que parecen invisibles, ¡pero allí están!

Los cuatro planetas del sistema solar con anillos son Júpiter, Saturno, Urano y Neptuno.

Identikit de Saturno

CARACTERÍSTICAS	
Diámetro	116 460 kilómetros
Composición	Helio e hidrógeno
Superficie	Cinturones que son bandas tenues de colores claros (amarillo y *beige*, marrón o gris). Son las nubes, corrientes en chorro y tormentas que cubren el planeta
Duración del día	10 horas, 34 minutos terrestres
Duración del año (dar la vuelta al Sol)	29 años terrestres
Lunas	83 (¡un récord!)

¿Saturno y Júpiter se parecen?

Curiosamente, en la mitología romana son ¡padre e hijo! Y tienen muchas similitudes en su composición (hidrógeno y helio), además de un centro o núcleo sólido que los científicos creen que ambos gigantes gaseosos comparten. En ambos planetas, este núcleo estaría cubierto por una capa de hidrógeno metálico líquido.

¡Pero regresemos a Saturno! Dijimos que se cree que su núcleo es sólido, pero... ¿cómo es este centro? Es de metales como el hierro y el níquel, y se encuentra cubierto por material rocoso.

El misterio del hexágono

En la atmósfera de Saturno sucede algo que los científicos no pueden explicar aún. ¿En serio? ¡Son los misterios de la ciencia! En su polo norte, en el hemisferio superior de este planeta (la mitad de arriba de la esfera), se encuentra un gran **hexágono** (una forma que tiene seis lados y seis ángulos) del doble del tamaño de la Tierra. ¿Y por qué es tan intrigante? Porque cambia de color con el paso de las estaciones.

Por el momento, lo que se sabe de este fascinante y perfecto hexágono es que en su interior rugen vientos de hasta 540 kilómetros por hora, formando un torbellino o remolino azulado (que cambia de color... ¡recuerda que no siempre es azul!).

¿Y cómo se ha descubierto esta maravilla del espacio? En 2004, la NASA envió la sonda espacial Cassini para investigar Saturno. Este vehículo fue el primero en tomar imágenes del hexágono, uno de los fenómenos más sorprendentes del cosmos.

SABÍAS QUE...

De los gigantes gaseosos del sistema solar, Saturno es el más pequeño y el más alejado de la Tierra descubierto por el ojo humano. Esto significa que se puede ver ¡sin ayuda de telescopios! Si lo observas en el cielo, es muy posible que no lo notes, pero Saturno no es una esfera perfecta, ya que tiene forma ovalada. Los científicos creen que es el planeta más plano de todos los del sistema solar.

URANO

Urano, padre de Cronos (Saturno) y abuelo de Zeus (Júpiter), fue en la mitología griega el dios del cielo.

Un gigante de hielo

Este gigante gaseoso es muy diferente al resto de los planetas del sistema solar. ¿Cómo es Urano? Muy bien, comencemos por algunas de sus características más importantes. Urano está rodeado por 13 anillos tenues. También tiene 27 lunas descubiertas hasta el momento, y todas ellas fueron nombradas en homenaje a personajes de las obras de Alexander Pope y William Shakespeare (Julieta, Ofelia, Cupido, Calibán, Titania...).

¿Sabías que Urano fue el primer planeta descubierto con ayuda de un telescopio? (recuerda que es uno de los más alejados de la Tierra y del Sol). ¡El próximo y último es Neptuno! Pero volvamos a Urano. ¡Aquí estamos ahora!

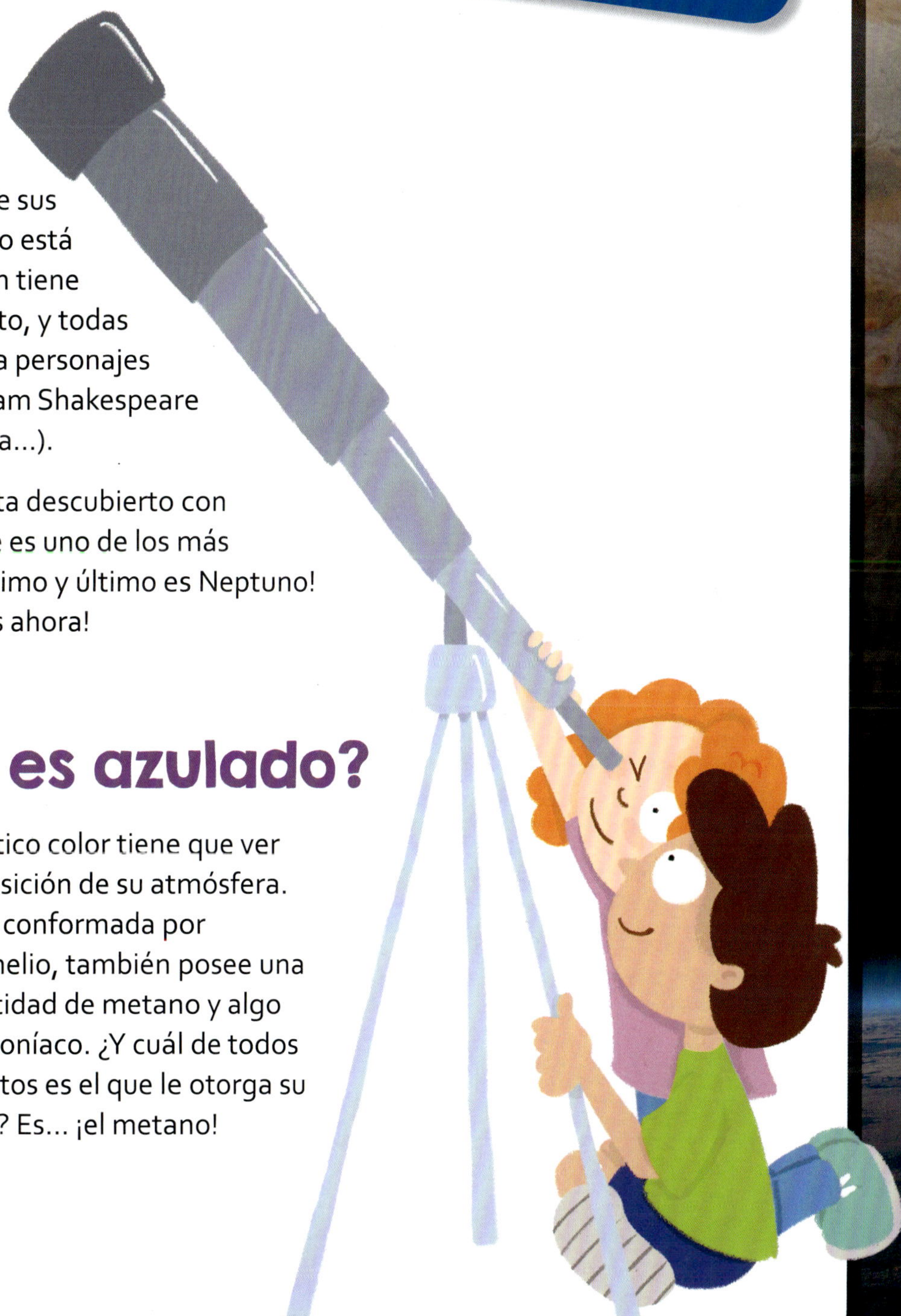

¿Por qué Urano es azulado?

Su característico color tiene que ver con la composición de su atmósfera. Mayormente conformada por hidrógeno y helio, también posee una pequeña cantidad de metano y algo de agua y amoníaco. ¿Y cuál de todos estos elementos es el que le otorga su tono azulado? Es... ¡el metano!

Identikit de Urano

CARACTERÍSTICAS	
Diámetro	50 724 kilómetros
Composición	Hidrógeno, helio y metano
Superficie	No tiene una superficie definida. Su manto es de una especie de "hielo" fluido de agua, amoníaco y metano. Pero se trata de un fluido caliente y espeso (formado por agua, amoníaco y otros elementos volátiles)
Duración del día	17 horas, 14 minutos terrestres
Duración del año (dar la vuelta al Sol)	84 años terrestres
Lunas	27

¡No hay abrigo que pueda con el frío en Urano!

Si bien Urano se encuentra más cerca del Sol que su vecino Neptuno, tiene la atmósfera más fría de todo el sistema solar. ¿Puedes imaginarlo? Alcanza temperaturas extremas de hasta -224 grados centígrados. Y, además, en algunas épocas del año los vientos rugen a una velocidad de 900 kilómetros por hora. ¿No sientes frío de solo pensarlo? ¡Brrr!

¿Hemos podido explorar este gélido planeta?

Sí, pero casi toda la exploración ha sido a través de telescopios. Solo una sonda espacial ha podido visitar Urano: la sonda **Voyager 2** de la NASA (fue lanzada desde la Tierra en 1977 y llegó a Urano en 1986, ¡casi 11 años después!). Fue una misión muy importante porque gracias a ella se descubrieron 10 lunas nuevas, dos anillos y el campo magnético de Urano. Se planea enviar nuevas misiones, pero a futuro (se cree que entre 2031 y 2038). ¡Queda mucho por descubrir de este extraño gigante de hielo!

Urano parece girar... ¡de costado! Se cree que gira en un ángulo de casi 90 grados desde el plano de su órbita.

SABÍAS QUE...

En 1781, año de su descubrimiento, Sir William Herschel quiso bautizarlo como Georgium Sidus (en homenaje al rey Jorge III de Inglaterra), pero la comunidad científica rechazó su idea. Su nombre será por siempre el que tú conoces, ¡Urano!

NEPTUNO

Neptuno fue bautizado en homenaje al dios de los océanos según la mitología romana (Poseidón era su nombre en la mitología griega).

¡Vientos supersónicos!

Neptuno es el octavo planeta y el más distante del sistema solar. Y tiene una característica que lo hace muy especial. ¿Sabes cuál es? ¡Es el planeta más ventoso de todo el sistema solar! Sus vientos supersónicos pueden alcanzar... ¡los 2 000 kilómetros por hora! Son vientos tres veces más poderosos que los de Júpiter y nueve veces más fuertes que los de nuestro planeta Tierra.

Azul como el mar

Neptuno comparte algo de su composición con Urano, por eso ambos tienen ese característico color azulado. Pero... ¿por qué es más intenso el azul de Neptuno? Se debe a que tiene una mayor cantidad de **metano** que Urano. ¡Misterio resuelto!
La atmósfera de este gigante azul está compuesta mayormente por hidrógeno molecular, helio atómico y, como ya sabes, cantidades de metano. ¡Parece el escenario de una película de ciencia ficción!

Identikit de Neptuno

CARACTERÍSTICAS	
Diámetro	49 244 kilómetros
Composición	Hidrógeno, helio y metano
Superficie	No tiene una superficie definida. Su manto es de una especie de "hielo" fluido de agua, amoníaco y metano sobre un pequeño núcleo rocoso. Bajo las frías nubes del planeta podría haber un océano, pero de agua caliente
Duración del día	16 horas, 6 minutos
Duración del año (dar la vuelta al Sol)	165 años terrestres
Lunas	14

Dioses del mar y ninfas

Las 14 lunas de Neptuno han sido bautizadas con nombres de deidades o criaturas oceánicas. Aquí podrás ver algunas de ellas con sus nombres y características.

Tritón

Es la luna más grande de Neptuno. Se cree que su superficie es una de las más frías de todo el sistema solar.

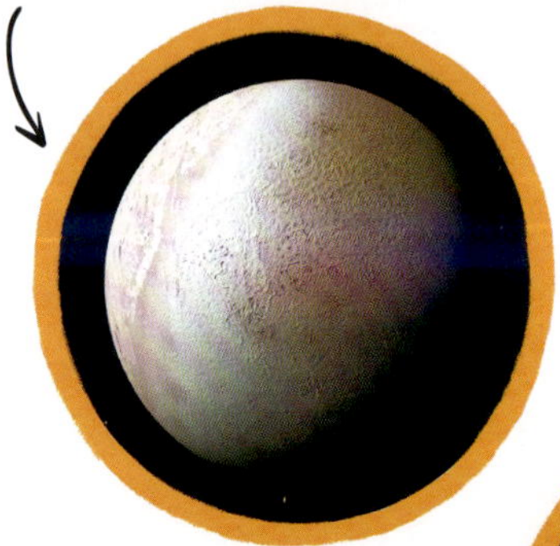

Proteo

Es la segunda luna más grande. Su superficie es irregular y está cubierta de cráteres.

Nereida

Al igual que muchas lunas de Neptuno, su forma es irregular. Se encuentra muy lejos de Neptuno.

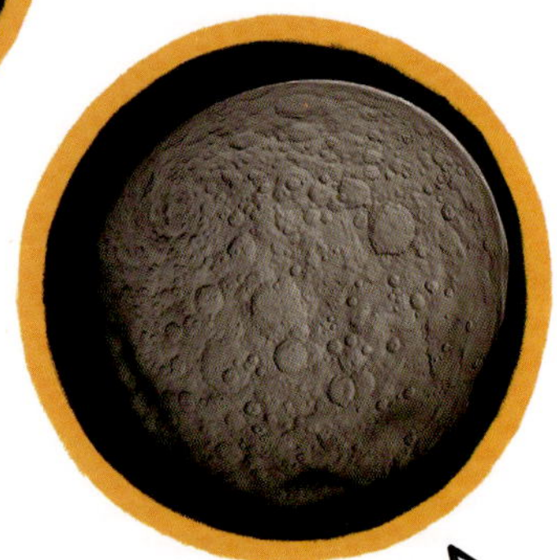

Larissa

Es posible que esta luna (con cráteres y de forma irregular) impacte contra Neptuno o forme un brillante anillo a su alrededor.

PLANETAS ENANOS

¿Qué es un planeta enano?

Un **planeta enano** se parece a cualquier otro planeta del sistema solar, pero es mucho más pequeño. Sin embargo, esa no es la única diferencia. Para ser considerado un planeta "común", los planetas deben cumplir con tres requisitos. ¡Y los planetas enanos solo cumplen con dos!

Planetas comunes versus planetas enanos

PLANETAS COMUNES	PLANETAS ENANOS
Son cuerpos celestes que giran alrededor del Sol.	
Tienen la gravedad necesaria para adoptar una forma casi redonda.	
Con su gravedad, atraen cualquier objeto pequeño, polvo o escombros (basura espacial). Así, despejan o "limpian" el camino y siguen avanzando en su recorrido alrededor del Sol.	

¿Cuáles son los planetas enanos?

Los científicos creen que hay cientos de planetas enanos en nuestro sistema solar, pero al día de hoy se reconocen oficialmente... ¡solo cinco!: **Ceres** (el planeta enano más cercano al Sol), **Eris**, **Makemake**, **Haumea** y **Plutón** (que recientemente fue eliminado de la lista de planetas comunes, ¡más adelante averiguarás por qué!). Ceres y Plutón están hechos de roca y hielo, y se cree que los otros tres están hechos de hielo (pero todavía no está comprobado).

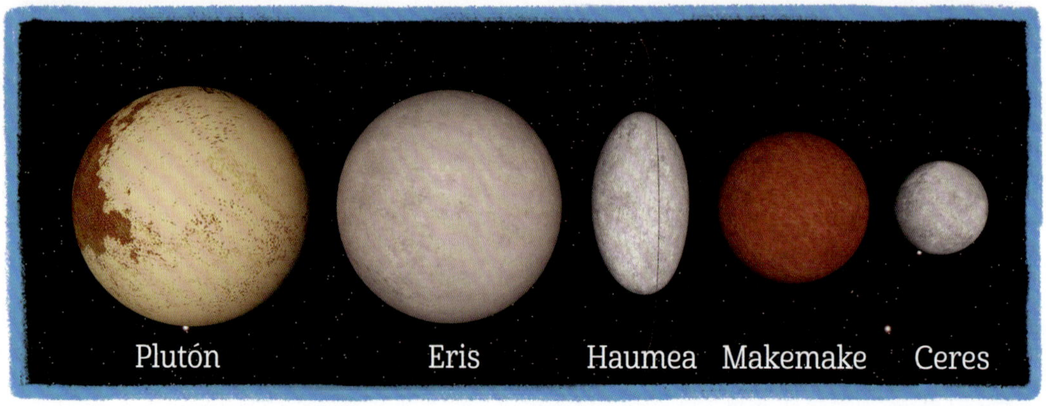

Todos estos planetas enanos (excepto Ceres) son conocidos como **transneptunianos**, esto significa que se encuentran en un cinturón de asteroides más allá de Neptuno; es decir, ¡muy lejos del Sol! Echa un vistazo a su ubicación en este mapa:

¡ADIÓS, PLUTÓN!

Como ya sabes, Plutón ha sido eliminado de la lista de planetas comunes de nuestro sistema solar. Y esto ha conmocionado al mundo de la ciencia y al público general, que lo consideraba un planeta sin dudarlo. ¿Qué sucedió? ¡Continúa leyendo y lo sabrás!

¡Échale la culpa a Eris!

Si lo pensamos desde un punto de vista divertido y novelesco, podemos decir que todo este tema de Plutón... ¡es culpa de Eris! En la mitología griega, Eris es la diosa de la discordia; es decir, de las discusiones y los desacuerdos.

Y parece mentira, pero es que los científicos descubrieron en 2005 un planeta de un tamaño muy similar al de Plutón (y lo bautizaron con el nombre de Eris). ¿Y qué importancia tuvo ese descubrimiento? Bueno, este hallazgo desató una gran discusión entre la comunidad de científicos y una dramática pregunta: ¿se agregaría a Eris a la lista de planetas de nuestro sistema solar? ¿O se debía eliminar a Plutón? ¡Ya sabes cuál fue la respuesta!

Desde ese momento, Plutón es considerado un planeta enano, pero queríamos hacerle un homenaje debido a su trayectoria en enciclopedias, manuales escolares y mapas, aunque las llanuras frías y oscuras de Plutón tendrán siempre un protagonismo único en la historia de la humanidad y su relación con el universo y sus misterios.

SABÍAS QUE...

Solo uno de los cinco planetas enanos está rodeado por un anillo. ¿Puedes adivinar de quién se trata? Hace muy poco tiempo, se ha descubierto un anillo de partículas y desechos de 69 kilómetros de ancho alrededor de.... ¿quién? ¡de Haumea!

¿UN NUEVO PLANETA?

Un equipo de astrónomos del Instituto Tecnológico de California creen que podría haber... ¡un noveno planeta dentro de nuestro sistema solar! (recuerda que Neptuno es el octavo). Bautizado como el "planeta Nueve", este gigante planetario tendría una masa 10 veces mayor que la Tierra y tardaría miles de años en orbitar (girar) alrededor del Sol. Podría tratarse de otro gigante gaseoso... Sin embargo, todavía no hay evidencias concretas que lo confirmen. ¡Sería un hallazgo histórico! Por el momento, hay un gran debate entre la comunidad de científicos: ¿existe de verdad un noveno planeta? ¿Cómo saberlo? ¡Solo es cuestión de tiempo!

LA VÍA LÁCTEA y otras galaxias

NUESTRO LUGAR EN EL COSMOS

¿Alguna vez te has preguntado en qué galaxia vives? Solemos hablar del sistema solar, pero olvidamos ir un poco más allá. ¡Ahora lo sabes, no hay dudas! Mira la siguiente imagen donde puedes apreciar la relación entre un planeta, su sistema solar y la galaxia en la que se encuentra.

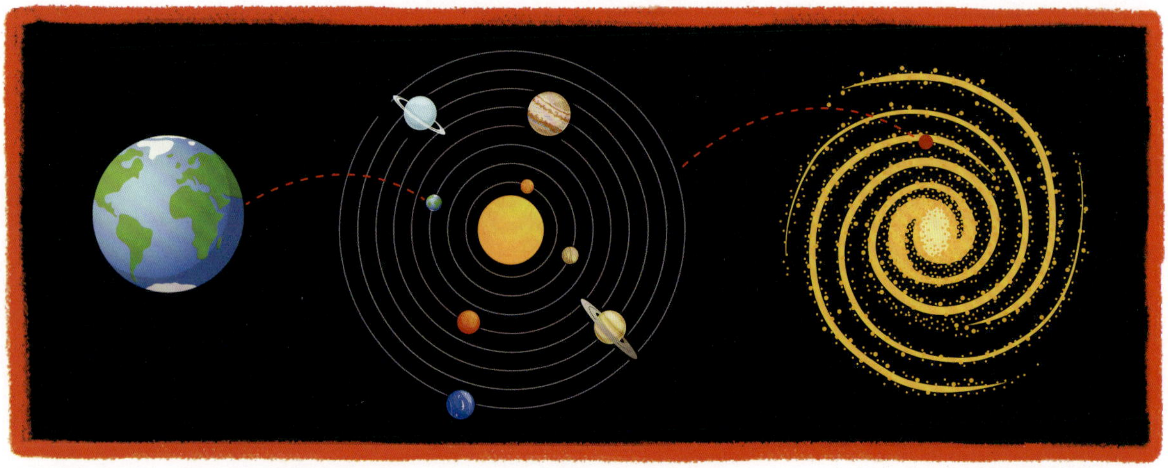

¿Y qué es una **galaxia**? Es un conjunto de gases, polvo y miles de millones de estrellas y sus sistemas solares que constituye un sistema autónomo dentro del universo. La galaxia se mantiene unida gracias a la fuerza de gravedad. Puedes darte una idea de lo inmenso que es el universo si tienes en cuenta que la Vía Láctea es solo una... ¡de los 100 millones de galaxias que los científicos creen que existen!

Ya sabes exactamente dónde te encuentras en este interminable mar de estrellas y galaxias que es el universo. Ahora bien, cuando contemplas de noche el cielo estrellado, ¿qué es lo que ves? ¡Son otras estrellas de la Vía Láctea! Y si está muy oscuro y te encuentras en un lugar alejado de las luces de la ciudad, podrías incluso observar las franjas de polvo de la Vía Láctea, que se expanden en el cielo.

Esta imagen es una vista de la Vía Láctea desde nuestro planeta Tierra. Como decíamos antes, solo puede verse cuando está muy oscuro y desde un lugar apartado de las ciudades y sus luces (en lo profundo de un bosque de pinos, por ejemplo).

¿Qué forma tienen las galaxias?

Como mencionamos anteriormente, nuestra galaxia, la Vía Láctea, tiene forma de espiral barrada. Es decir, en el centro de la Vía Láctea hay una barra central de la que "brotan" dos brazos principales que, a su vez, se ramifican y se extienden. ¡Parece un inmenso remolino de estrellas! Pero hay otras galaxias con esta forma, ¡no es la única! También hay galaxias lisas con forma de óvalo, las galaxias elípticas. Ya ves que el universo es diverso y sorprendente, un espectáculo de colores y formas. Y además de las galaxias en espiral y elípticas, hay otras que no tienen ninguna forma en especial y parecen manchas.

Como puedes notar a simple vista, todas las galaxias son brillantes. ¿De dónde proviene su luz? ¡De las estrellas que se encuentran en su interior!

SABÍAS QUE...

A veces sucede que las galaxias se acercan demasiado... ¡y chocan entre sí! Sin embargo, las galaxias son tan grandes (y se expanden hacia los extremos) que, aunque choquen entre ellas, sus planetas y sistemas solares no llegan a colisionar. Nuestro vecino galáctico más cercano es Andrómeda, y los científicos creen que la Vía Láctea chocará con ella... ¡dentro de 5 000 millones de años!

VIAJE A LAS ESTRELLAS: DESCUBRIENDO LA VÍA LÁCTEA

En las páginas anteriores hemos aprendido que la Vía Láctea es una galaxia en espiral. Y su nombre... ¿qué significa? Vía Láctea (parecido a la leche) hace referencia al color blanquecino de esta banda luminosa que se observa desde la Tierra. ¿Y cuántas estrellas hay en nuestra galaxia? Te sorprenderá saber que está compuesta por aproximadamente 200 000 millones de estrellas en sistemas estelares, además de planetas, gas y polvo cósmico.

La edad de la Vía Láctea

Los **astrónomos** son los científicos especialistas en **astronomía**, la ciencia que se dedica a estudiar los astros, su movimiento y las leyes que lo rigen. Y dentro de esta ciencia se encuentra la **cosmología**, la parte de la astronomía que estudia las leyes generales, el origen y la evolución del universo. Ahora bien, según los **cosmólogos**, la Vía Láctea se formó hace unos 13 600 millones de años; es decir, la galaxia donde vives... ¡es muy antigua!

¿Cómo pueden saber su edad si no existe aún la máquina del tiempo? Muy bien, lo que buscan los astrónomos y cosmólogos son las estrellas más antiguas dentro de una galaxia. Se sabe que las estrellas más antiguas de la Vía Láctea tienen al menos 13 500 millones de años, pero en su interior contienen algunos elementos que no pudieron fusionar por sí mismas.

Estos elementos debieron pertenecer a estrellas todavía más antiguas, denominadas de primera generación. Se cree que la vida de estas primeras estrellas fue muy corta y explotaron como **supernovas** (explosión de una estrella en la que se libera gran cantidad de energía).

Las supernovas son increíblemente brillantes y superpoderosas, ¡uno de los fenómenos más fabulosos de todo el universo! Toda esta información fue útil para que los científicos pudieran calcular la edad de nuestra galaxia. ¡Son expertos en hacer cálculos muy complejos!

¿Dónde termina nuestra galaxia?

¡Es muy difícil saberlo! Sus bordes no están claramente definidos, ya que la Vía Láctea tiene un **halo** (círculo de luz alrededor de un cuerpo luminoso) de estrellas y materia **interestelar** (gases y polvo en el espacio entre las estrellas), ¡que lo hace más confuso!

Los científicos, a pesar de toda dificultad, han intentado calcular el tamaño de la Vía Láctea. ¡Una tarea extremadamente difícil! Creen que su **diámetro** (ancho máximo de un cuerpo circular) es de 60 000 pc (es decir, pársecs, que equivalen a 3,26 años luz). El año luz es la distancia en la que viaja la luz en el vacío durante un año. Los científicos han demostrado que la velocidad de la luz es constante y en el vacío es de 300 000 kilómetros por segundo. ¡Nada en el universo se mueve más rápido!

SABÍAS QUE...

El centro galáctico (es decir, el centro o el corazón de nuestra galaxia) se ubica hacia la constelación de Sagitario. ¿Quién hizo este descubrimiento? Fue Harlow Shapley, un reconocido astrónomo estadounidense de comienzos del siglo XX. Además, descubrió que la Vía Láctea era mucho más grande de lo que se creía hasta ese momento.

¿QUÉ SON LAS ESTRELLAS?

Una estrella es una esfera de gas muy caliente y brillante que produce luz y energía. Por eso decimos... ¡que tiene luz propia!

¿Y cómo genera su luz y energía? Muy bien, se trata de un proceso conocido como **fusión nuclear**. Esta fusión sucede cuando los elementos más ligeros (livianos) se convierten rápidamente en elementos más pesados. Esto libera una cantidad enorme de energía, que hace que la estrella se caliente y brille con mucha intensidad.

¡Tú conoces muy bien el brillo y el calor de una estrella! ¿De quién se trata? ¡Del Sol! Es la estrella más cercana a la Tierra... tan solo debes levantar la vista al cielo y contemplar su luz (y sentir su calidez o su calor, dependiendo de la estación del año en la que te encuentres). Imagina lo poderosa que es una estrella que el Sol ilumina y calienta nuestro planeta desde muy, muy lejos... ¡se encuentra a unos 150 millones de kilómetros de distancia!

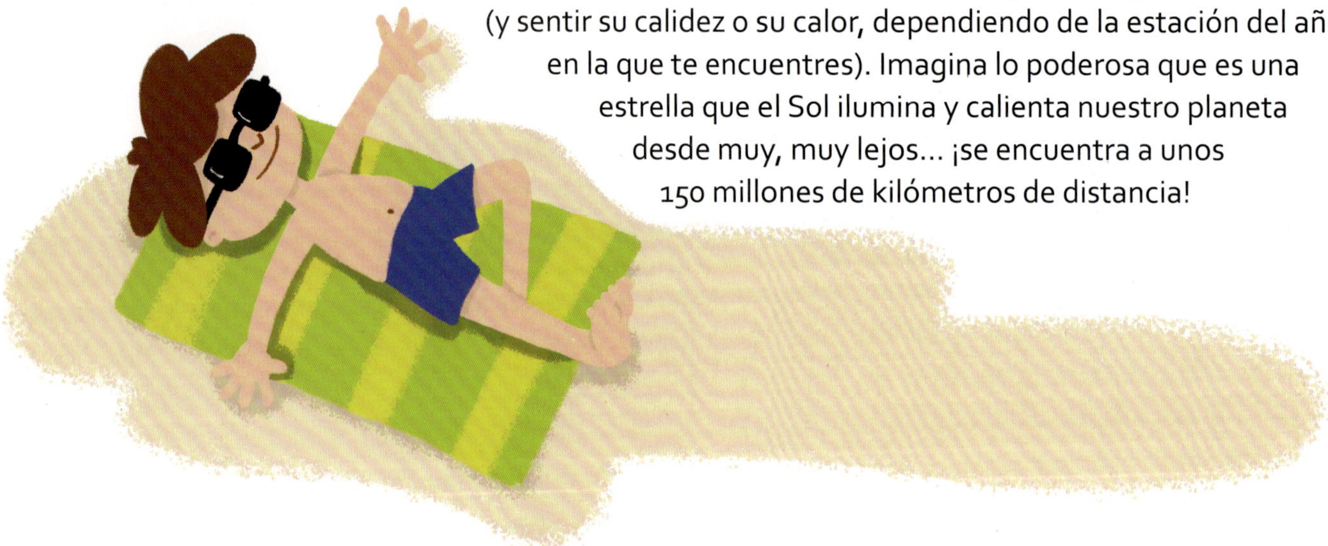

¿Cuántas estrellas hay?

Se cree que en todo el universo hay más de 100 000 millones de galaxias, y cada una de ellas podría tener más de 100 000 millones de estrellas. ¡Son cifras extraordinarias! En la galaxia en la que vivimos, la Vía Láctea, la cifra también es enorme: hay entre 200 000 y 400 000 millones de estrellas. Y en nuestro sistema solar, solo hay una: ¡el Sol!

SABÍAS QUE...

¿Por qué titilan las estrellas?
Cuando miras el cielo de noche es posible que veas que algunas estrellas "parpadean". ¿Es porque su luz se enciende y se apaga? No, en realidad es una impresión o sensación que tenemos al verlas desde la Tierra. La atmósfera de nuestro planeta (esa capa invisible que nos rodea) deforma o distorsiona su luz y parece que titilaran.

LA EVOLUCIÓN DE UNA ESTRELLA

¿Sabías que las estrellas tienen un **ciclo de vida**? Nacen, evolucionan y **colapsan** (que es el fin de la vida de una estrella). Una estrella colapsa cuando se acaba su **combustible nuclear** (o "combustible de estrellas"), eso que le permitía generar luz y energía. ¿De qué está hecho este combustible? De gases, principalmente hidrógeno y helio.
Como puedes ver a continuación, hay dos diferentes ciclos de vida de una estrella:

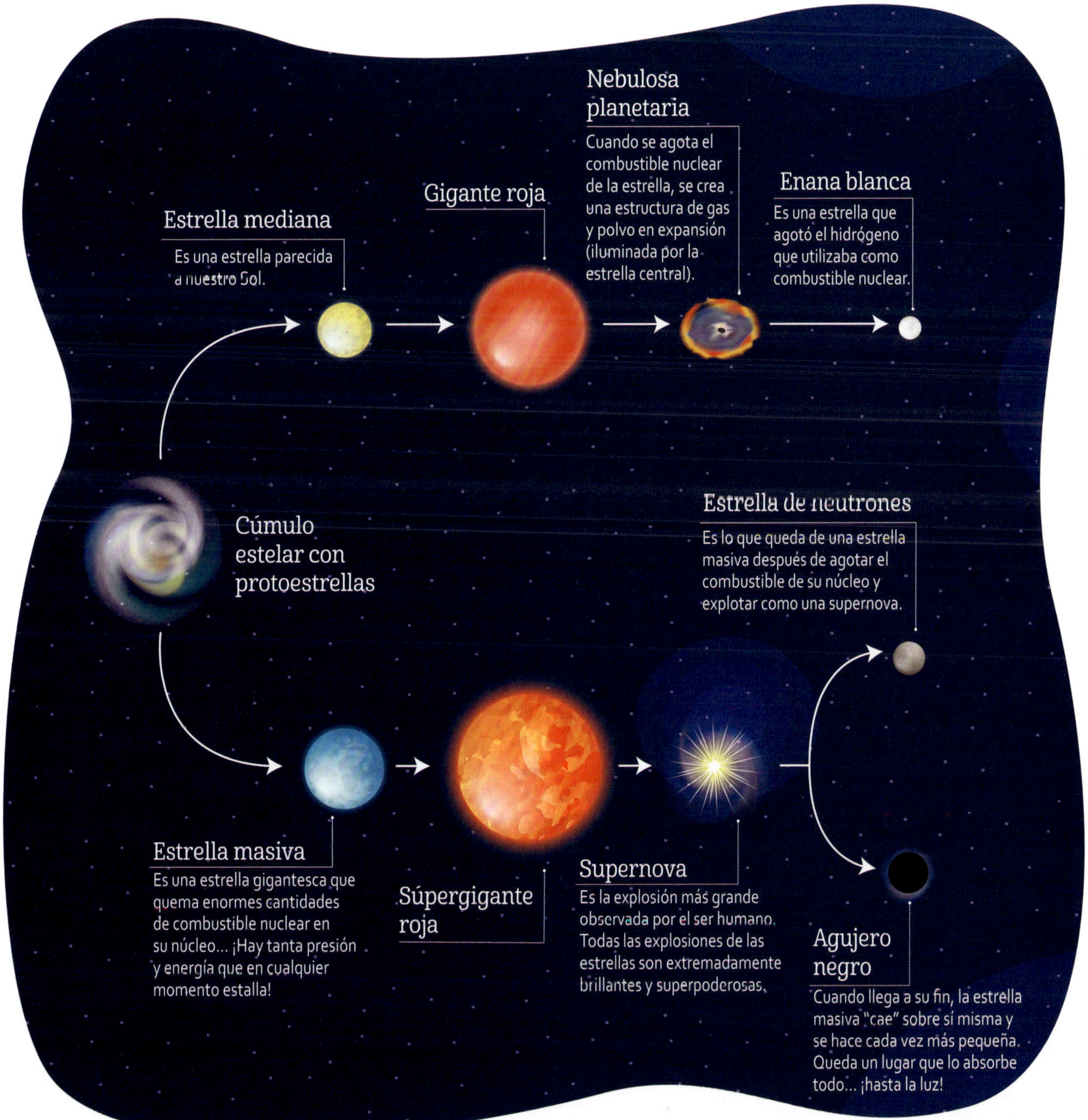

OBSERVACIÓN ESPACIAL

¿Cómo sabemos todo lo que hay en el universo?
¡Hay muchas formas de conocer y aprender sobre el espacio y sus cuerpos celestes!

Formas de conocer el universo (desde el planeta Tierra)

1. MIRAR EL CIELO

Desde tiempos muy antiguos, el ser humano ha contemplado el cielo con sus propios ojos y ha descubierto y observado el movimiento de los planetas, las características de las estrellas, el Sol y la Luna, y otros fascinantes cuerpos celestes (como los cometas o las coloridas auroras boreales), que pueden verse desde la Tierra... ¡a simple vista! Esta forma de conocer el universo se llama **observación directa**; es decir, sin el uso de ningún instrumento más que... ¡nuestros propios ojos!

2. TELESCOPIOS TERRESTRES

¿Sabes lo que es en realidad un telescopio? Es un instrumento con **lentes** o **espejos curvos** que permite ver agrandada una imagen de un objeto lejano, en especial, los cuerpos celestes (¡es como una lupa!). Los telescopios terrestres son, como dice su nombre, aquellos telescopios que usamos para ver el espacio desde nuestro planeta Tierra. Con ellos se pueden observar objetos más lejanos que a simple vista y con mayor definición y exactitud.

3. VISITAS AL PLANETARIO

¿Has visitado un planetario? ¡Es un lugar increíble! El planetario es un espacio para la difusión (dar a conocer algo) y el aprendizaje del conocimiento astronómico, abierto al público general (¡todos podemos visitarlo!). Allí se organizan visitas, muestras fotográficas y también se proyectan... ¡películas! Puedes ver maravillosas películas en una **experiencia inmersiva**. ¿Y esto qué es? ¡Son películas que hacen vivir a los espectadores una realidad virtual como si fuera auténtica! ¡Como si estuvieras navegando por el espacio o caminando sobre la Luna!

EXPLORACIÓN ESPACIAL

Formas de conocer el universo (desde el espacio)

I. MISIONES ESPACIALES

Son viajes al espacio exterior (fuera del planeta Tierra en naves con tripulantes. Los astronautas deben estar entrenados físicamente y ser expertos en ciencia y tecnología para poder viajar al espacio exterior ¡y saber trabajar muy bien en equipo!). La primera misión espacial fue alrededor de la Tierra, en 1961. El responsable de esta misión, el astronauta ruso Yuri Gagarin, fue el primer ser humano en viajar por el espacio. ¡Un sueño cumplido!

2. TELESCOPIOS ESPACIALES

Los telescopios espaciales se diferencian de los terrestres porque están ubicados en el espacio y no tienen tripulantes. Estos aparatos con tecnología de avanzada son lanzados desde nuestro planeta para ser colocados en el espacio y obtener imágenes más precisas. ¡Llegan a lugares muy lejanos y con condiciones extremas para un ser humano!

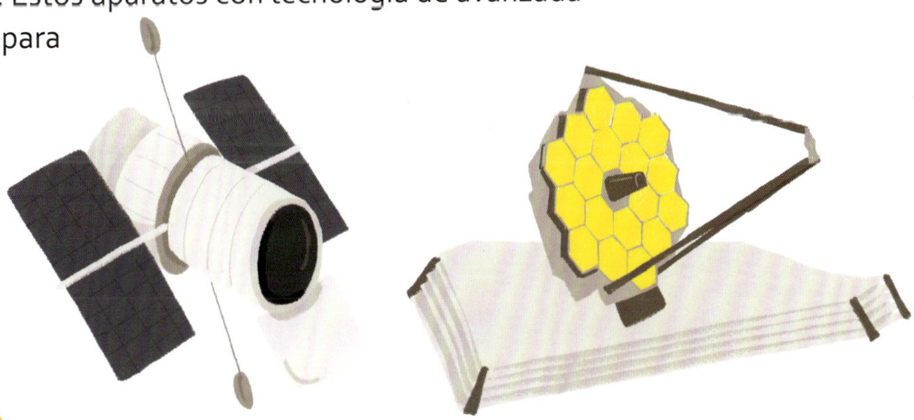

3. SATÉLITES ESPACIALES

Son aparatos complejos hechos por el ser humano que sirven para recibir información del espacio. Estas naves espaciales (¡sin tripulantes!) se mueven alrededor de la Tierra a gran altura (¡hay más de 30 satélites rodeando nuestro planeta!) y nos ayudan, entre otras cosas, a saber dónde estamos. Pero, además, hay otros satélites orbitando (girando) muy lejos en el espacio, alrededor de otros planetas, lunas, asteroides, etc. Los satélites espaciales pueden llegar realmente muy lejos y acercarse a planetas con condiciones... ¡imposibles para el ser humano!

¡Aquí termina nuestro viaje! Recuerda que todo el universo es inmenso y que queda mucho por explorar y descubrir!